Gerda Henkel Vorlesung

Gerda Henkel Vorlesung
herausgegeben von der gemeinsamen Kommission
der Rheinisch-Westfälischen Akademie der Wissenschaften und
der Gerda Henkel Stiftung

Die Privatrechtswissenschaft im 19. Jahrhundert in Europa

Helmut Coing

Springer Fachmedien Wiesbaden GmbH

Der Vortrag wurde am 16. Oktober 1990 in Düsseldorf gehalten.

CIP-Titelaufnahme der Deutschen Bibliothek

Coing, Helmut:
Die Privatrechtswissenschaft im 19. Jahrhundert in Europa / Helmut Coing. – Opladen : Westdeutscher Verlag, 1991
(Gerda Henkel Vorlesung)
ISBN 978-3-531-11964-9

Der Westdeutsche Verlag ist ein Unternehmen der Verlagsgruppe Bertelsmann International.

ISBN 978-3-531-11964-9 ISBN 978-3-663-14457-1 (eBook)
DOI 10.1007/978-3-663-14457-1

Inhalt

I. Die Ausgangslage

1. Vom Hochmittelalter bis zum 18. Jahrhundert hat es im kontinentalen Europa eine gemeinsame Rechtswissenschaft gegeben. Sie beruhte auf dem römischen und dem kanonischen Recht. Alle Juristen in den kontinentalen Ländern sind in dieser Wissenschaft ausgebildet worden.

Diese Einheit ist am Ende des 18. Jahrhunderts und im Laufe des 19. Jahrhunderts verlorengegangen. An die Stelle des einheitlichen Gemeinen Rechts sind nationale Kodifikationen getreten und das hat auch die Rechtswissenschaft verändert. Die moderne Kodifikation ist aus der Rechtstheorie der Aufklärung hervorgegangen. Die Aufklärung hat das Recht mit den Gesetzesnormen gleichgesetzt: Sie folgerte dies aus der Lehre der Gewaltenteilung. Danach sollte (und konnte) nur die Legislative Rechtsnormen erlassen. Weder die Gerichte noch die Wissenschaft sollten dazu berechtigt sein, das Recht zu gestalten. Der Bürger sollte die Gesetze kennen und die Grenzen seiner Freiheit wissen: Daher sollten sie in umfassenden Büchern zusammengefaßt werden.

2. Die Arbeit an den ersten Kodifikationen begann in der Mitte des 18. Jahrhunderts in der Habsburger Monarchie und in Preußen. Die österreichische Kodifikation, das ABGB, trat 1811 in Kraft, die preußische, das ALR, 1794. Beide waren übrigens methodisch ganz unterschiedlich gefaßt. Es folgte Frankreich mit den Gesetzen Napoleons, vor allem dem Code Civil (1804).

Im Laufe des 19. Jahrhunderts sind dann alle kontinentalen Staaten dazu übergegangen, ihr Zivilrecht zu kodifizieren. Allerdings ist dies in manchen Ländern sehr spät erfolgt, so etwa in Spanien und im Deutschen Reich.

3. Damit wurde das Recht auf dem europäischen Kontinent national. Ein europäisches gemeinsames Recht gab es nicht mehr. Die Gerichte folgten nur noch den nationalen Gesetzen. Die Rechtswissenschaft orientierte sich ebenfalls nur noch an den staatlichen nationalen Gesetzen. Ebenso wurde der Rechtsunterricht auf diese umgestellt. Sowohl in Frankreich als auch in Österreich ergingen gleichzeitig mit dem Inkrafttreten der Kodifikation neue Studienordnungen, die den Rechtsunterricht auf diese umstellten. Die Rechtswissenschaft endete damit, wie Rudolf v. Jhering kritisch gesagt hat, an den Grenzen der Staaten.

4. In meinem Vortrag möchte ich darstellen, wie sich die Wissenschaft vom Privatrecht unter diesen neuen Gegebenheiten im 19. Jahrhundert in Europa entwickelt hat. Dabei möchte ich unter dem Begriff „19. Jahrhundert" die Zeit von etwa 1800 bis zum Ausbruch des ersten Weltkrieges verstehen. Ich werde mich dabei im wesentlichen auf *Frankreich* und *Deutschland* beschränken; es wird sich zeigen, daß sich hier die wichtigsten Entwicklungen in der Rechtswissenschaft vollzogen und daß vor allem die französische, aber später auch die deutsche Rechtwissenschaft bedeutenden Einfluß auf diejenige anderer Länder ausgeübt und sie in gewissem Umfange bestimmt haben.

II. Die französische Rechtswissenschaft

1. Die in Frankreich in den ersten beiden Dritteln des 19. Jahrhunderts herrschende Auffassung von den Aufgaben der Rechtswissenschaft wird *École de l'exégèse* genannt. Ihr entscheidendes Kennzeichen war die strenge Bindung an das Gesetz, also besonders an den Code civil – eine Anschauung, die es vorher auch in Frankreich in dieser Form nie gegeben hatte.

(1) Die Lehre vom Naturrecht, wie sie das 18. Jahrhundert entwickelt hatte, wurde zwar formal aufrechterhalten, hatte aber praktisch keine Bedeutung mehr. Zum einen wurde angenommen, daß seine Prinzipien im positiven französischen Recht verwirklicht seien; zum anderen wird eine Abweichung vom positiven Gesetz mit der Begründung eines Widerspruchs zu naturrechtlichen Grundsätzen strikt abgelehnt. Das Naturrecht hat also keine kritische Funktion mehr.

(2) Das Gesetz wird als die alleinige Quelle des Rechts betrachtet. Rechtsprechung und Wissenschaft können kein Recht schaffen, können das gesetzliche Recht auch nicht fortentwickeln oder neuen tatsächlichen Verhältnissen des sozialen Lebens anpassen. Dies würde der Doktrin „Gewaltenteilung" widersprechen. *„La législation ne doit pas etre juge, et le juge ne doit pas être législateur"*, erklärt der bedeutende belgische Autor LAURENT. Es ist dies um so erstaunlicher, als die französischen Gerichte im 19. Jahrhundert tatsächlich das Recht des Code civil in außerordentlich schöpferischer Weise fortgebildet haben. Außerdem enthält der Code civil in dem berühmten Art. 4 den Satz, daß der Richter es unter dem Vorwand *„du silence, de l'obscurité ou de l'insuffisance de la loi"* niemals ablehnen darf zu entscheiden. Dieser Artikel befiehlt dem Richter geradezu, in Fällen, für die das Gesetz keine Regel enthält, selbst eine solche zu finden. Für LAURENT ist das eine eng auszulegende Ausnahme von dem Prinzip der Gewaltenteilung.

Was die Wissenschaft angeht, so wird betont, daß ihre Aufgabe mit dem Code civil eine ganz andere geworden sei als früher. Früher habe sie das Recht fortbilden können, jetzt habe sie nur den Inhalt des Gesetzes darzulegen.

(3) Die Rechtswissenschaft hat die „Principes", die Regeln herauszuarbeiten, die der Gesetzgeber aufgestellt hat. Ihr Ziel muß sein, den Willen des historischen Gesetzgebers zu ermitteln. Ist der Gesetzestext eindeutig, so bedarf es weiter keiner Untersuchung. Es wird gerne der Satz aus dem Entwurf des Zivilgesetzbuches aus dem Jahre VIII der revolutionären Zeitrechnung zitiert: *„Quand une loi est claire il ne faut point en éluder la lettre, sous prétexte d'en pénétrer l'esprit"*. In anderen Fällen muß der Sinn der Norm zunächst aus dem Zusammenhang mit anderen Regeln des Gesetzes entwickelt werden; es kann aber auch auf die Materialien, welche die Entstehung der Norm betreffen, zurückgegriffen werden. Die Formalien *Argumentum e conatrario* und *Analogie* sind zulässig. Der entscheidende Grundsatz für die Auslegung des Gesetzes ist, daß es aus sich selbst heraus verstanden werden muß; der Rückgriff auf allgemeine Grundsätze etwa der Billigkeit ist unzulässig. *„Le procédé le plus sur sera toujours d'interpréter le code Napoléon par lui même"* heißt es in einem bekannten Lehrbuch.

(4) Auch die formelle Darstellungsweise schließt sich eng an das Gesetz an. Sie folgt entweder der Artikelfolge des Code (sog. *méthode analytique*) oder wenigstens dessen Einteilung in Chapitres und Sections (sog. *système mixte*). Erlaubt ist allerdings auch eigene Systematik *(méthode synthétique)*. Diese Methode ist aber nur selten angewendet worden, vor allem durch die Straßburger Autoren Aubry und Rau, deren einflußreichem Lehrbuch ursprünglich ein deutsches Lehrbuch (von Zachariae v. Lingenthal) zugrunde gelegen hat.

(5) Die *École de l'exégèse* hat am Ende des Jahrhunderts in Frankreich starke Kritik erfahren. Vielleicht wird dadurch ihr Bild zu einseitig gesehen. Es gibt in ihren Werken auch andere Elemente: so Vergleiche mit dem römischen Recht, eingehende rechtspolitische Erörterungen und Darstellungen der Rechts- und Verfassungsentwicklung. Auch die Rechtsvergleichung wurde entwickelt: Hier zeigen sich – z. B. in der Zeitschrift *Thémis* von 1819 – ganz andere Auffassungen vom Recht.

2. Gegen Ende des Jahrhunderts hat sich aber eine andere Auffassung von den Aufgaben und Methoden der Rechtswissenschaft durchgesetzt.

Es wird erkannt, daß die Lösung der Probleme, welche die Rechtsprechung zu entscheiden hat, nicht mehr allein aus den Kodifikationen abgeleitet werden kann, die fast einhundert Jahre alt sind; daß vielmehr die durch neue gesellschaftliche und wirtschaftliche Tatsachen entstandenen Fragen von einer schöpferischen Rechtsprechung gelöst werden müssen. Die These, daß das Recht nur aus den gesetzlichen Regelungen bestehe, wird aufgegeben. Besonders der bedeutende Autor LABBÉ stellt die Rechtsprechung in den Mittelpunkt seiner Forschung; er schreibt Analysen bedeutsamer Urteile (sog. *notes*). Er sucht eine billige Auslegung der Gesetze *(interprétation équitable)* und eine Anpassung des Rechts an die neuen praktischen Bedürfnisse zu erreichen. 1899 erscheint dann eine Monographie, die diese Probleme grundsätzlich behandelt, die *Méthode d'interprétation* von FRANCOIS GÉNY. Er entwickelt zunächst eine grundsätzliche Kritik der bisher herrschenden Lehre der *École de l'exégese.* Er weist nach, daß alle gesetzlichen Regelungen, auch die großen Kodifikationen, Lücken aufweisen, weil die Gesellschaft und Wirtschaft sich in einer Weise ändern, die der Gesetzgeber nicht voraussehen kann. Wo sich solche Lücken zeigen, müssen Lösungen durch freie wissenschaftliche Forschung *(libre recherche scientifique)* gefunden werden.

Die Forschung muß dabei zwei Elemente ins Auge fassen: Auf der einen Seite die neuen tatsächlichen Gegebenheiten – dabei werden ihr die Erkenntnisse der Nationalökonomie und Soziologie zu Hilfe kommen. Auf der anderen Seite muß sie sich die ethischen Werte und Prinzipien deutlich machen, auf denen die Rechtsordnung des Landes beruht, so etwa die Handlungsfreiheit des Einzelnen, das Verbot, sich auf Kosten anderer zu bereichern, oder das Gebot, Schaden, den man einem anderen schuldhaft zugefügt hat, zu ersetzen. Auf diese Weise wird man eine Lösung erreichen, die der Natur der Sache gemäß ist; eine billige Ausgleichung der Interessen. Die Ergebnisse solcher Analysen muß der Richter seinen Entscheidungen zugrunde legen; er muß dabei handeln, wie der Gesetzgeber es tun würde.

GÉNY's Thesen haben sich durchgesetzt. Einer der bedeutendsten französischen Rechtslehrer dieser Zeit, SALEILLES, hat sich energisch für seine Lehre eingesetzt. In einem der führenden Lehrbücher aus dem Beginn unseres Jahrhunderts heißt es zur sog. juristischen Logik: „Die Rechtswissenschaft ist etwas anderes: Sie ist eine wahrhafte Wissenschaft, die sich nicht auf die Kenntnis der Gesetzestexte und der Gerichtsentscheidungen beschränkt, auch nicht auf die Kunst der juristischen Argumentation. Der gelehrte Jurist, der dieses Namens würdig ist, bewertet und beurteilt die Gesetze. Dazu bedarf er der Kritik. Die Rechtsgeschichte läßt ihn den Ursprung der Institutionen erkennen; die Wirtschaftswissenschaft die praktischen Ergebnisse; die Rechtsvergleichung gibt ihm Gesichtspunkte des Vergleichs, die er den Lösungen ausländischer Gesetze entnimmt."

Mit dieser Entwicklung hat die französische Rechtswissenschaft eine grundsätzlich neue Auffassung von den Aufgaben der Rechtswissenschaft erreicht: Die Lösungen des nationalen Gesetzes werden nun auf der Grundlage ihrer tatsächlichen Wirkung und im Vergleich mit ausländischen Regelungen, also als Sachproblem der sozialen Ordnung behandelt.

III. Die deutsche Rechtswissenschaft

Ganz anders als in Frankreich hat sich die Privatrechtswissenschaft in Deutschland entwickelt.

1. Auch in Deutschland hat es zwar im 19. Jahrhundert für weite Gebiete Kodifikationen gegeben: In Preußen galt, im wesentlichen in dem Teil der Monarchie östlich der Elbe, das Allgemeine Landrecht; im Rheinland hat man die französische Gesetzgebung in Kraft gelassen; hier galt also der Code civil. In der Habsburger Monarchie galt – mit Ausnahme von Ungarn – das Allgemeine Bürgerliche Gesetzbuch von 1811. Nur in dem breiten Streifen zwischen Rhein und Elbe, Schwarzwald und Böhmen ist das römische, gemeine Recht in Geltung geblieben.

Aber die Rechtswissenschaft hat sich nicht wie in Frankreich an den Kodifikationen ausgerichtet. Nur in Österreich hat es in der ersten Hälfte des Jahrhunderts so etwas Ähnliches wie die *École de l'exégèse* gegeben. Vielmehr hat die am römischen Recht orientierte freie Rechtswissenschaft, die sog. Pandektenwissenschaft, die Entwicklung der Privatrechtswissenschaft in Deutschland bestimmt, bis 1900 das BGB in Kraft trat – also während des ganzen 19. Jahrhunderts. In ihr sind die leitenden juristischen Ideen der Zeit entwickelt worden. Diese Eigenart der deutschen Rechtswissenschaft des 19. Jahrhunderts ist vor allem der Lehre *eines* Rechtsgelehrten zu danken, FRIEDRICH CARL VON SAVIGNY. Er ist vielleicht der größte Jurist, den unser Land je hervorgebracht hat, und seine Schule hat über Jahrzehnte die juristischen Fakultäten beherrscht. Eine besondere Rolle hat dabei gespielt, daß er 1810 bei der Gründung der Universität Berlin, die ja bald große Bedeutung gewonnen hat, als erster Jurist dorthin berufen wurde. Nun hat HUMBOLDT die neue Universität nicht nach Lehrgebieten organisiert, er hat keine genauen Lehrpläne aufgestellt. Vielmehr hat er dies den Gelehrten überlassen, die er als erste berufen hatte. Es kam ihm auf deren Persönlichkeit, nicht auf Regelung des Unterrichts im einzelnen an. SAVIGNY hat nun von Anfang an erklärt, er wolle kein preußisches Recht lesen; das ALR sollte nicht die Grundlage des Rechtsunterrichtes in Berlin sein, sondern das Römische Recht. Diese Gestaltung des Unterrichts war auch möglich, weil man in Preußen – anders als in Frankreich und Österreich – mit der Kodifikation keine Neuregelung des Rechtsunterrichts verbunden hatte. So konnte das antike römische Recht zur Grundlage des Unterrichts gemacht werden. Dies hat für alle preußischen Fakultäten gegolten; selbst in Bonn, wo ja der Code civil galt, war es so; das französische Recht wurde erst in späteren Semestern als Sonderfach gelehrt.

Neben der Pandektenwissenschaft blieb auch die Wissenschaft des sog. deutschen Privatrechts erhalten, die sich schon im späten 18. Jahrhundert entwickelt hatte. Sie baute – ähnlich wie die Pandektenwissenschaft auf dem Römischen

Recht – auf mittelalterlichen Quellen auf und bildete eine Ergänzung der Pandektenlehre.

2. Innerhalb der deutschen Rechtswissenschaft hat es nun im 19. Jahrhundert erstaunlich große Veränderungen hinsichtlich der leitenden Gesichtspunkte gegeben. Wir können drei wissenschaftliche Schulen unterscheiden: die historische Rechtsschule, die Begriffsjurisprudenz und die Interessenjurisprudenz. Außerdem hat es am Anfang unseres Jahrhunderts, nach der Einführung des BGB im Jahre 1900, eine große Debatte über das Verhältnis des Richters zum Gesetz gegeben und in der Rechtsprechung eine besondere Hervorhebung der ethischen Werte, auf die sich das Gesetz bezieht. Diese Entwicklungen möchte ich nacheinander verfolgen.

3. Ich beginne mit der *historischen Rechtsschule;* sie ist im wesentlichen von SAVIGNY und seinen Schülern geprägt worden.

Die historische Schule betrachtet das Recht in einer Reihe von entscheidenden Punkten anders als die Naturrechtslehre des 18. Jahrhunderts. Sie sieht das Recht nicht als Folgerung aus überzeitlichen und übernationalen rationalen Prinzipien. Das Recht ist für sie vielmehr ein Teil der nationalen Kulturen. Es wird in deren geschichtliche Entwicklung einbezogen. Es ist also weder universal noch überzeitlich. Sein System ergibt sich aus der Lebensordnung der Völker, aus dem Zusammenhang ihrer sozialen Institutionen.

Gleichzeitig führt SAVIGNY aber auch gewisse Ideen der Aufklärung weiter. Das Privatrecht ist für ihn eine Ordnung von freien und gleichen Bürgern. Ihre Freiheit und damit ihre Rechte sind die entscheidenden Werte, die es zu schützen hat.

Lassen Sie mich diese Grundgedanken etwas näher ausführen.

(1) Das Recht gehört der nationalen Kultur an. Es trägt, sagt SAVIGNY, „schon einen bestimmten Charakter, dem Volk eigentümlich, so wie seine Sprache, Sitte, Verfassung". Seine Grundgedanken leben im Kulturbewußtsein der einzelnen Völker, wie SAVIGNY sich ausdrückt: im „Volksgeist". Es ist zunächst Gewohnheitsrecht, das allen bekannt ist; bei fortgeschrittener Kultur wird es von den Juristen gestaltet. Aber die Grundideen leben im Volke fort. Den Juristen gehört nur das – wie SAVIGNY sagt – „technische Element" des Rechtes.

Das Recht entwickelt sich, wie die Gesamtkultur, in einem geschichtlichen Prozeß. Es beruht keineswegs nur auf der Gesetzgebung. Rechtsprechung und Wissenschaft wirken daran mit. Mit SAVIGNY's Worten: „Die Summe dieser Ansicht ... ist, daß alles Recht auf die Weise entsteht, welche der herrschende Sprachgebrauch als Gewohnheitsrecht bezeichnet. D.h., daß es erst durch Sitte und Volksglaube, dann durch Jurisprudenz erzeugt wird, überall also durch *innere, still wirkende Kräfte,* nicht durch die Willkür des Gesetzgebers." SAVIGNY spricht hier von einer „organischen" Entwicklung. Insbesondere lehnt er die Kodifikation als Form des Rechtes ab.

(2) Das Recht gliedert sich in verschiedene „Institute" und einzelne Rechtsregeln. Die Institute sind die in sich geschlossenen sozialen Phänomene, etwa Ehe und Familie, Eigentum, aber auch die den Verkehr bestimmenden Geschäftstypen, wie etwa Kauf oder Miete. Die einzelne Rechtsregel muß aus dem Institut, zu dem sie gehört, verstanden werden. Hier spielt der Gedanke einer „Natur der Sache" eine wichtige Rolle.

Die verschiedenen Institute lassen sich in ein System einordnen, das sich aus der allgemeinen Ordnung des Lebens eines Volkes ergibt. In diesem System stehen sie in einem größeren Zusammenhang, wie etwa Familienrecht, Verkehrsrecht usw. Das System entsteht also bei SAVIGNY nicht, wie nach den rationalistischen Lehren des 18. Jahrhunderts, aus Schlußfolgerungen aus allgemeinen Prinzipien; es bildet die Lebensordnung des Volkes ab.

(3) Für das Privatrecht sind aber *Freiheit* und *Gleichheit* der Bürger die entscheidenden Werte. Hier trifft sich SAVIGNY mit den Ideen der Aufklärung. Er sagt: „Der Mensch steht inmitten der äußeren Welt, und das Wichtigste in dieser seiner Umgebung ist ihm die Berührung mit denen, die ihm gleich sind durch ihre Natur und Bestimmung. Sollen nun ... freie Wesen nebeneinander bestehen, so ist dieses nur möglich durch Anerkennung einer unsichtbaren Grenze ... Die Regel, wodurch jene Grenze ... bestimmt wird, ist das Recht" (System I, S. 331/332).

Aus dieser Anschauung ergibt sich, daß es bei den rechtlich bedeutsamen Beziehungen zwischen Bürgern (sog. Rechtsverhältnissen) um die subjektiven Rechte der Einzelnen geht. Diese Rechte sind Ausdruck der Freiheit des Einzelnen; sie entstehen durch freies Handeln und können an Sachen wie an Personen (z.B. dadurch, daß diese Verpflichtungen übernehmen) bestehen.

(4) Neben diesen grundsätzlichen Gedanken muß noch ein spezieller Ansatz erwähnt werden. Das römische Recht hatte ja, wie eingangs erwähnt, schon Jahrhunderte in Europa gegolten und dadurch war natürlich eine bestimmte Auslegung, ein bestimmtes Verständnis dieses Rechts in Rechtsprechung und Wissenschaft entwickelt worden. An diese Tradition hat SAVIGNY aber – was bei seiner allgemeinen Theorie erstaunlich ist – nicht angeknüpft. Er hat vielmehr unmittelbar auf den Text des justinianischen *Corpus Iuris* zurückgegriffen und für ihn eine neue Auslegung geschaffen.

4. Um die Mitte des Jahrhunderts trat eine Umbildung in der Pandektenwissenschaft ein. Es entstand die sog. *Begriffsjurisprudenz*. Sie knüpfte an zwei Elemente der Theorie der historischen Schule an: an deren Lehre von der Bedeutung allgemeiner institutioneller Begriffe und an die Unterscheidung von einfachem Rechtssatz und Institut.

(1) Die Begriffsjurisprudenz unterscheidet die sog. niedere und die höhere Jurisprudenz. Die erste ist das einfache Verstehen der bestehenden gesetzlichen Rechtssätze nach dem Willen des historischen Gesetzgebers – etwa im Sinne der französischen *École de l'exégèse.* Die höhere ist die *Dogmatik.* Sie entwickelt über dem positiven Recht allgemeine *Begriffe* für die technischen rechtlichen Institute wie etwa Besitz, Miteigentum, Obligation. Diese Begriffe definieren die Eigenart dieser Institute; mit ihnen werden die Regeln verbunden, nach denen sie entstehen, sich verändern und untergehen. JHERING hat insoweit von „Rechtskörpern" gesprochen. Diese Begriffe sind überpositiv: Nicht der Gesetzgeber, sondern die Wissenschaft entwickelt sie; manche haben gelehrt, daß sie sogar überhistorisch sind. Ihre Bildung vergleicht man mit der Art und Weise, wie die Naturwissenschaft die einzelnen Objekte, etwa Pflanzen und Lebewesen, zu bestimmten Arten usw. zusammenfaßt.

(2) Die Bedeutung dieser Allgemeinbegriffe, ihre „Produktivität" sieht man in folgendem:

– Sie erlauben zunächst ein höheres Verständnis des positiven Rechts. Dessen Institute werden unter dieses Begriffssystem eingeordnet.

– Sie ermöglichen die Füllung von Lücken im Gesetz, indem man von der Einzelregelung auf die höheren Begriffe zurückgreift und dann die mit ihnen verbundenen Regeln anwendet. Dies ermöglicht z.B. die analoge Anwendung von Rechtssätzen; man steigt dabei zu dem höheren Institut auf, zu dem der einzelne Rechtssatz gehört.

– Schließlich erlauben sie, *neue* Rechtserscheinungen einzuordnen und damit eine Regelung für sie zu gewinnen, das Recht also fortzuentwickeln. JHERING erörtert z.B. die juristische Eigenart einer Girobank, in welche die Kunden Geldmünzen einzahlen. Er stellt sie unter den Begriff des *Miteigentums;* den Kunden gehört der Geldvorrat der Bank gemeinsam. Andere hatten eine *Gesellschaft* der Kunden angenommen.

Solche Einordnungen nennt man juristische „Konstruktion". Die Logik, die Deduktion aus allgemeinen Begriffen, wird damit zum entscheidenden Element der Rechtswissenschaft.

(3) So seltsam uns heute diese Theorie anmutet, sie hat doch ganz entscheidende Bedeutung gewonnen. In der zweiten Hälfte des 19. Jahrhunderts ist sie in Deutschland die durchaus herrschende Lehre gewesen und hat auch noch weit in unser Jahrhundert hineingewirkt.

5. In den letzten Jahrzehnten des 19. Jahrhunderts und vor allem am Anfang des unseren sind in der deutschen Rechtswissenschaft – ähnlich wie in der französischen – ganz andere und neue Gesichtspunkte aufgetreten.

Die Begriffsjurisprudenz gerät in starke Kritik; eine neue Anschauung vom Recht, die sog. *Interessenjurisprudenz* entwickelt sich; es wird erkannt, daß alle Gesetze, auch Kodifikationen, Lücken aufweisen und daß diese durch Wissenschaft und Rechtsprechung zu füllen sind; in der Rechtsprechung setzt sich eine größere Freiheit in der Anwendung der Gesetze durch.

Lassen Sie mich diese Bewegungen nacheinander betrachten.

(1) Die Interessenjurisprudenz betrachtet das Recht im Hinblick auf die sozialen Folgen seiner Regelungen, seinen sozialen Zweck.

Die Wende zu dieser Ansicht ist von dem berühmten Juristen RUDOLF V. JHERING ausgegangen, der sich ursprünglich stark für die Begriffsjurisprudenz eingesetzt hatte. In den 60er Jahren wendete er sich aber davon ab. 1865 schrieb er an seinen Freund WINDSCHEID (einen der großen Pandektisten): „Ich habe in den letzten zwei bis drei Jahren eine merkwürdige Umwandlung meiner ganzen Anschauung durchlebt ... Der Schein der absoluten Wahrheit der juristischen Begriffe muß vernichtet werden." Im 3. Band seines „Geist des Römischen Rechts" sagte er dann: „Jene ganze Kultur des Logischen ist eine Verirrung und beruht auf einer Verkennung des Wesens des Rechts."[1] JHERING betont jetzt, daß Rechtssätze aus einem Kampf zwischen den in der Gesellschaft vertretenen verschiedenen Interessen hervorgehen,[2] daß sie dem *Zweck* dienen, bestimmte Interessen zu stützen und zu fördern, und aus diesem Zweck zu verstehen sind. Auch die subjektiven Rechte des Einzelnen sieht er jetzt als „rechtlich geschützte Interessen".[3]

Bei dieser neuen Auffassung vom Recht ist JHERING übrigens von der Philosophie des Utilitarismus beeinflußt worden, welche der Engländer BENTHAM am Anfang des 19. Jahrhunderts ausgearbeitet hatte und die in der Jahrhundertmitte in Deutschland bekanntgeworden war. BENTHAM hatte ethische und gesetzliche Regeln daran gemessen, wie sie sich auf die Interessen der betroffenen Menschen auswirkten; er sah sie als wertvoll nur dann an, wenn sie die Interessen der größten Zahl der Betroffenen förderten (sog. *Utility-Principle*). Es ist nicht uninteressant festzustellen, daß hier eine englische Philosophie auf das deutsche Rechtsdenken Einfluß genommen hat.

Im einzelnen ist die neue juristische Theorie erst um 1900 ausgearbeitet worden. Sie geht davon aus, daß jede rechtliche Regelung eine Entscheidung zwischen

[1] Geist III,1, 4. Aufl. S. 321.
[2] Dazu „Der Kampf um's Recht", S. 7, 1873.
[3] Geist III,1, 4. Aufl. S. 339.

widerstreitenden (materiellen oder ideellen) Interessen von Bürgern ist, wie sie auch im Parlament vertreten werden. Jeder Rechtssatz ist insofern eine „Resultante des Ringens von Interessen".[4] Der Gesetzgeber kann dabei bestimmte Interessen bevorzugen und andere zurücksetzen; er kann auch einen Kompromiß zwischen ihnen suchen.

Die Rechtswissenschaft hat daher die Aufgabe, durch Erforschung der Entstehung eines Rechtssatzes zu ermitteln, welche Interessen mit dem Satz geschützt werden sollten. Es ist dazu gesagt worden: „Kein Rechtssatz ist völlig verstanden, solange er nicht als Resultat einer Interessenabwägung oder als legislativer Fehlgriff erkannt ist."[5]

Die Rechtsprechung hat bei der Entscheidung eines Falles jeweils zu prüfen, welche Interessen in concreto in Konflikt stehen; danach muß der Richter prüfen, ob und wie dieser Interessenkonflikt im Gesetz entschieden ist, und zugunsten des danach geschützten Interesses entscheiden. Findet er keine solche Interessenbewertung im Gesetz, so muß er selbst eine Interessenabwägung vornehmen und wie ein Gesetzgeber entscheiden.[6]

Diese Betrachtungsweise hat in der deutschen Rechtswissenschaft in unserem Jahrhundert erheblichen Einfluß gewonnen. Sie hat auch in der sogleich zu erörternden Debatte eine Rolle gespielt.

(2) Anfang unseres Jahrhunderts ist eine lebhaft geführte wissenschaftliche Debatte um Grundfragen des Rechtsverständnisses geführt worden. An ihr haben zahlreiche Gelehrte, Richter und Anwälte durch Veröffentlichungen teilgenommen. Man hat von einem „juristischen Kulturkampf" gesprochen.[7]

Es ging – ähnlich wie in Frankreich zur selben Zeit – im wesentlichen um die Frage, wie Lücken im Recht zu schließen seien. Die Lösung der Begriffsjurisprudenz, der Rückgriff auf allgemeine Begriffe, wurde allgemein abgelehnt. Die Aufgabe, eine Lösung zu finden, wurde vielmehr der wissenschaftlichen Forschung und der Rechtsprechung zugewiesen. Das hat ja auch die Interessenjurisprudenz getan. Die wissenschaftliche Forschung wurde nun wieder als Rechtsquelle neben dem Gesetz anerkannt.

Umstritten freilich war die Frage, wann man von einer Lücke im Gesetz sprechen könne und wie weit die Freiheit des Richters ginge. Am weitesten ist in dieser Frage die sog. „Freirechtsbewegung" gegangen – eine Gruppe von Juristen, die an der Diskussion teilgenommen hat. Sie forderte im Falle von Gesetzeslücken eine freie Rechtsschöpfung durch den Richter. Den Begriff der Lücke faßte sie sehr

[4] Heck, Gesetzesauslegung, S. 17.
[5] Heck, Gesetzesauslegung, S. 17.
[6] Heck, a. a. O., S. 160.
[7] Ernst Fuchs, Vgl. Heck a. a. O., S. 198.

weit. Der Richter soll entscheiden und vom Gesetz absehen, „sobald das Gesetz ihm eine zweifellose Entscheidung nicht zu bieten scheint";[8] ferner, „wenn es seiner freien und gewissenhaften Überzeugung nach nicht wahrscheinlich ist, daß die zur Zeit der Entscheidung bestehende Staatsgewalt die Entscheidung so getroffen haben würde, wie es das Gesetz verlangt".[9] Damit wurde dem Richter also auch das Recht einer Korrektur des Gesetzes zugesprochen.

Diese extreme Ansicht hat sich in Deutschland weder in der Wissenschaft noch in der Rechtsprechung durchgesetzt. Weitgehende Anerkennung fand nur die sehr viel vorsichtigere Formel des Art. 1 des 1907 in Kraft getretenen Schweizerischen Zivilgesetzbuches: „Das Gesetz findet auf alle Rechtsfragen Anwendung, für die es nach Wortlaut oder Auslegung eine Bestimmung enthält. Kann den Gesetzen keine Vorschrift entnommen werden, so soll der Richter nach Gewohnheitsrecht und, wo auch ein solches fehlt, nach der Regel entscheiden, die er als Gesetzgeber aufstellen würde. Er folgt dabei bewährter Lehre und Überlieferung."

(3) Zu der eben geschilderten Diskussion haben die deutschen Gerichte natürlich nie ausdrücklich Stellung genommen. Trotzdem darf man annehmen, daß sie auch bei den Richtern dazu beigetragen hat, zu einer freieren Anwendung der Gesetze, insbesondere der gerade (1900) in Kraft getretene Kodifikation des Privatrechts, zu kommen. Die Rechtsprechung hat Gedanken der Interessenjurisprudenz aufgenommen: sie hat aber – und das war etwas Neues – vor allem auf die *ethischen Werte* zurückgegriffen, auf die in einigen Generalklauseln des bürgerlichen Gesetzbuches Bezug genommen war. Ich erwähne etwa den Gedanken, daß der Schuldner seine Verpflichtungen nach Treu und Glauben zu erfüllen hat. Das Reichsgericht hat in seiner Rechtsprechung diesen ethischen Gedanken zu einem allgemeinen Prinzip erhoben, der das Verhalten der Menschen im gesamtem Rechtsverkehr bestimmen müsse. Der Gedanke sei nicht auf die Erfüllung von Schuldverhältnissen beschränkt. Dies bedeutete einen Rückgriff auf die moralischen Grundlagen des Rechts, der in dieser Form weder in der Interessenjurisprudenz noch in der Freirechtsbewegung gesehen worden war. Er hat seit der Weimarer Zeit Rechtsprechung und Wissenschaft stark beeinflußt und spielt auch heute noch eine entscheidende Rolle.

6. Im Ganzen hat die deutsche Rechtswissenschaft damit am Ende des Jahrhunderts einen Zustand erreicht, in dem sowohl die Analyse der tatsächlich gegebenen wirtschaftlichen Tatsachen und Interessen, wie die ethischen Werte, auf denen das Verkehrsrecht beruht, zur Grundlage ihrer wissenschaftlichen Arbeit geworden sind. Sie ist damit zu ähnlichen Ergebnissen gekommen, wie die französische.

[8] Kantorowicz, der Kampf um die Rechtswissenschaft, S. 42.

[9] Ebenda.

IV. Auswirkungen in anderen Ländern

Es bleibt nun die Aufgabe zu schildern, welche Bedeutung die geschilderte Entwicklung in Frankreich und Deutschland in den anderen europäischen Ländern gehabt hat. Im Einzelnen geht es dabei um folgende Fragen:

Wie stark hat sich die Trennung der Rechte, ihre Nationalisierung, ausgewirkt?

Hat es Parallelentwicklungen in den getrennten Rechtssystemen gegeben?

Hat man sich wissenschaftlich mit fremden, ausländischen Rechten beschäftigt? Dies ist insbesondere die Frage nach dem Vorhandensein von Rechtsvergleichung im 19. Jahrhundert.

1. Die Frage, wie weit die Isolierung der Rechtswissenschaft, ihre Nationalisierung im 19. Jahrhundert gegangen ist, ist m. W. noch nicht im einzelnen untersucht worden. Es spricht aber vieles dafür, daß sie doch recht weit gegangen ist.

Lassen Sie mich ein extremes Beispiel aus der Rechtsprechung unseres Reichsgerichts erwähnen. Der Code civil hat eine Generalklausel für die Fälle, in denen jemand einem anderen Schaden zufügt. Art. 1382 sagt: „Jede Handlung eines Menschen, die einem anderen Schaden zufügt, verpflichtet den, durch dessen Fehler dieser entstanden ist, den Schaden auszugleichen." Bei seiner Anwendung entstand alsbald die Frage, ob diese Bestimmung nur Vermögensschäden beträfe oder auch die Verletzung anderer menschlicher Interessen, wie Verletzung der Ehre oder der Intimsphäre eines Einzelnen oder einer Familie. Das höchste französische Gericht, die Cour de Cassation, sprach sich dafür aus, Art. 1382 schütze auch solche moralischen Interessen. Nun galt der Code civil ja auch im Rheinland. In den siebziger Jahren kam nun die gleiche Frage vor das Reichsgericht. Es entschied im entgegengesetzen Sinne: Art. 1382 schütze nur Vermögensrechte. In der Begründung dieses Urteils (RGZ, 7,295) ist die französische Judikatur mit keinem Wort erwähnt!

2. Was die Frage der parallelen Gestaltungen der Rechtswissenschaft angeht, so kann man sagen, daß es sie gegeben hat. Betrachtet man die Entwicklung der französischen und der deutschen Rechtswissenschaft, so sieht man, daß sie am Anfang ganz verschiedenen Ideen folgen – hier die *école de l'exégèse,* dort die historische Schule. Aber am Ende des Jahrhunderts kommen sie doch zu sehr ähnlichen Ergebnissen. Man denke an Gény's Idee von der *libre recherche scientifique* und der deutschen Freirechtsschule oder an die Schilderung des Wesens der Rechtswissenschaft bei Planiol-Ripert, besonders deren Hinweis, man müsse die ökonomischen Folgen der Lösungen eines juristischen Problems untersuchen; dieser Gedanke entspricht durchaus denen der Interessenjurisprudenz in Deutschland.

3. Was nun den Enfluß bestimmter nationaler Rechte auf andere angeht, so ist dieser vor allem vom französischen Recht ausgegangen. Der Code civil blieb auch nach dem Sturz Napoleons in einer Reihe anderer Länder in Kraft: so in Belgien, zunächst auch in den Niederlanden, ferner im Rheinland und in Polen. Außerdem hat eine Reihe von Ländern zwar eigene Gesetzbücher geschaffen, ist dabei aber im wesentlichen dem Code civil gefolgt. Das gilt für die Niederlande mit ihrem bürgerlichen Gesetzbuch von 1838, für die meisten italienischen Staaten, etwa Piemont und das Königreich beider Sizilien, aber auch für den nach der Einigung Italiens geschaffenen Codice civile, und schließlich in der Schweiz für die Welschkantone.

Die Folge war natürlich, daß sich auch die Rechtswissenschaft dieser Länder an die französische anschloß. Dies gilt besonders für Italien. Hier sind zahlreiche französische Werke übersetzt worden. Auch in Spanien, wo man lange an einer Kodifikation gearbeitet hat, hat die französische Wissenschaft erheblichen Einfluß besessen.

In der zweiten Hälfte des Jahrhunderts hat dann auch die deutsche Pandektenwissenschaft in anderen Ländern Einfluß gewonnen, besonders in Italien. Ernst Rabel hat 1924 sagen können: „In Italien ist seit Jahrzehnten die Auseinandersetzung der aus Frankreich bezogenen Gesetze und der deutschen Wissenschaft das große Thema der Literatur." Die österreichischen Universitäten hatten schon in der Mitte des Jahrhunderts die Lehren der historischen Schule zur Grundlage des Rechtsunterrichts gemacht. Ähnliches gilt für die deutsche Schweiz. Auch in den skandinavischen Ländern hat die Pandektenwissenschaft als eine Art allgemeine Rechtslehre Bedeutung gewonnen.

In diesen Entwicklungen zeigt sich, daß die französische und in gewissem Umfange auch die deutsche Rechtswissenschaft europäische Bedeutung gewonnen haben.

4. Was schließlich die *Rechtsvergleichung* angeht, so ist sie bald nach der Auflösung des gemeinsamen europäischen Rechts, des Ius Commune, entstanden. Schon 1819 wird in Frankreich eine Zeitschrift für Rechtsvergleichung gegründet, die „Thémis"; 1829 folgt eine deutsche. Das gleiche Interesse an Rechtsvergleichung zeigt sich aber auch in anderen Ländern, so in Großbritannien, in Spanien und Italien.

Freilich hat für die Rechtsvergleichung im 19. Jahrhundert die Beobachtung der Gesetzgebung in anderen Ländern im Vordergrund gestanden: sie war im wesentlichen, was der französische Terminus *législation comparée* besagt. Dabei interessierte man sich im Privatrecht besonders für die Lösung der neuen Probleme, die infolge der Entwicklung des internationalen Verkehrs, Einführung der Marktwirtschaft und der Industrialisierung auftraten. Es gab aber immer wieder auch

Berichte über die ausländische Wissenschaft. Der führende französische Rechtsvergleicher LABOULAYE hat ein Buch über die Lehren SAVIGNY's geschrieben; die deutschen Gelehrten JOSEF KOHLER und OTTO MAIER haben eingehend über französisches Urheberrecht und Wettbewerbsrecht berichtet.

Die Rechtsvergleichung hat im 19. Jahrhundert also eine bedeutende Rolle gespielt. Am Ende dieser Zeit konnten PLANIOL-RIPERT fordern, daß man bei neu auftretenden juristischen Problemen die Lösungen ausländischer Rechte heranziehen müßte, und der bedeutende französische Jurist SALEILLES konnte auf dem ersten internationalen Kongreß für Rechtsvergleichung den Vorschlag machen, Lücken im Gesetz durch Rückgriff auf die internationale Rechtswissenschaft zu lösen.

V. Schluß

Meine Damen und Herren! Damit bin ich am Schluß meiner Darlegungen. Ich hoffe, es ist mir gelungen, Ihnen zu zeigen, welch vielfältige Gedanken die Juristen des 19. Jahrhunderts über den Aufbau, die Auslegung und Anwendung des Privatrechts entwickelt haben. Es ist in der Rechtswissenschaft nicht anders gewesen als in der Literatur und der Malerei: Es herrscht ein großer Reichtum an Ideen. Ich wollte mit meinem Vortrag Ihnen diesen Aspekt des 19. Jahrhunderts in einem besonderen Kulturbereich zeigen.

Der Autor:

Prof.Dr.Dr.h.c.mult. Helmut Coing, geboren 1912 in Celle, Studium der Rechte in Kiel, München, Lille (Frankreich) und Göttingen 1930–34; Promotion 1935; Habilitation 1938; ao. Professor Universität Frankfurt/M. 1940, ord. Professor 1948–1980; Gründer und Direktor Max-Planck-Institut für europäische Rechtsgeschichte 1964–1980; Vizepräsident der Max-Planck-Gesellschaft 1978–1984; Vorsitzender der Westdeutsche Rektorenkonferenz 1956, des Wissenschaftsrates 1958–61; Kanzler des Ordens Pour le Mérite seit 1984
Veröffentlichungen in Auswahl: Die Rezeption des Römischen Rechts in Frankfurt am Main (1939); Die obersten Grundsätze des Rechts (1947); Grundzüge der Rechtsphilosophie (1950, 4. Aufl. 1985); Kipp-Coing, Lehrbuch des Erbrechts (13. Aufl. 1978); Staudingers Kommentar zum BGB (12. Aufl. 1978/79); Die juristischen Auslegungsmethoden und die Lehren der allgemeinen Hermeneutik (1959); Römisches Recht in Deutschland, in: Ius Romanum Medii Aevi (1963); Rechtsformen der privaten Vermögensverwaltung, in: Archiv für zivilistische Praxis (1967); Die Treuhand kraft privaten Rechtsgeschäfts (1972); Europäisches Privatrecht 1500–1800, Bd. I, Älteres Gemeines Recht (1985); Hrsg.: Handbuch der Quellen und Literatur der neueren europäischen Rechtsgeschichte, Bd. I (1973), Bd. II/1 (1977), Bd. II/2 (1979), Bd. III, 1, 2 (1982), Bd. III/3 (1986).

Gerda Henkel Vorlesungen

Christoph Luitpold Frommel, *Der Palazzo Venezia in Rom.*
1982, 54 S., 33 Abb. ISBN 3-531-11950-8

Ernst H. Gombrich, *Ideal und Typus in der italienischen Renaissancemalerei.*
1983, 80 S., 72 Abb. ISBN 3-531-11951-6
Hugh Trevor-Roper, *War der Nationalsozialismus ohne Beispiel?*
1983, 37 S. ISBN 3-531-11592-4

Aus der Lutherforschung. Drei Vorträge.
1983, 64 S. ISBN 3-531-11593-2
Bernd Moeller, Luther und die Städte. – Heinrich Lutz, Die politische und kulturelle Ausgangssituation der Reformation. – Erwin Iserloh, „Mit dem Evangelium läßt sich die Welt nicht regieren". Luthers Lehre von den beiden Regimenten im Widerstreit.

Kurt Bittel, *Denkmäler eines hethitischen Großkönigs des 13. Jahrhunderts vor Christus.*
1984, 44 S., 34 Abb. ISBN 3-531-11954-0

Bernard Andreae, *Die Symbolik der Löwenjagd.*
1985, 68 S., 43 Abb. ISBN 3-531-11955-9

Forschungen zur Stadtgeschichte. Drei Vorträge.
1986, 71 S. ISBN 3-531-11956-7
Adalberto Giovannini, Entstehung und Wesen der griechischen Polis. – Adriaan Verhulst, Zur Entstehung der Städte in Nordwest-Europa. – Lothar Gall, Die Stadt der bürgerlichen Gesellschaft, das Beispiel Mannheim.

Helmut Coing, *Europäische Grundlagen des modernen Privatrechts: Nationale Gesetzgebung und europäische Rechtsdiskussion im 19. Jahrhundert.*
1986, 22 S. ISBN 3-531-11957-5

Thomas Nipperdey, *Wie modern war das Kaiserreich? Das Beispiel der Schule.*
1986, 18 S. ISBN 3-531-11958-3

Josef Fleckenstein, *Über die Anfänge der deutschen Geschichte.*
1987, 24 S. ISBN 3-531-11959-1

Franz Georg Maier, *Neque quies gentium sine armis: Krieg und Gesellschaft im Altertum.*
1987, 32 S. ISBN 3-531-11960-5

Werner Fuchs, *Zu Neufunden klassisch-griechischer Skulptur.*
1987, 50 S., 49 Abb. ISBN 3-531-11961-3

Ernst Gombrich, *Wege zur Bildgestaltung: Vom Einfall zur Ausführung.*
1989, 76 S., 65 Abb. ISBN 3-531-11962-1

Roma – Caput et Fons. Zwei Vorträge über das päpstliche Rom zwischen Altertum und Mittelalter.
1989, 70 S. ISBN 3-531-11963-X
Arnold Angenendt, Princeps imperii – Princeps apostolorum. Rom zwischen Universalismus und Gentilismus. – Rudolf Schieffer, „Redeamus ad fontem". Rom als Hort authentischer Überlieferung im frühen Mittelalter.

GPSR Compliance
The European Union's (EU) General Product Safety Regulation (GPSR) is a set of rules that requires consumer products to be safe and our obligations to ensure this.

If you have any concerns about our products, you can contact us on

ProductSafety@springernature.com

In case Publisher is established outside the EU, the EU authorized representative is:

Springer Nature Customer Service Center GmbH
Europaplatz 3
69115 Heidelberg, Germany

www.ingramcontent.com/pod-product-compliance
Lightning Source LLC
LaVergne TN
LVHW010101061026
849532LV00005BA/1907
* 9 7 8 3 5 3 1 1 1 9 6 4 9 *